Lb" 859

SOUFFRANCES,

DERNIERS MOMENS
ET MARTYRE

DE L'INFORTUNÉE

MARIE-ANTOINETTE,

REINE DE FRANCE ET DE NAVARRE;

SUIVIS

D'une Lettre de Madame la Princesse DE CHIMAY, *Dame d'honneur de la feue Reine*,

Laquelle contient plusieurs faits certains et peu connus sur l'auguste Compagne du ROI-MARTYR, et d'une Romance chantée en présence de la REINE, au Château des Tuileries, après les fatales journées des 5 et 6 Octobre.

SE VEND

Chez AUGUSTE SEGUIN, Libraire, Place Neuve, à Montpellier.

OCTOBRE 1816.

SOUFFRANCES,
DERNIERS MOMENS ET MARTYRE
DE L'INFORTUNÉE
MARIE-ANTOINETTE.

SOUFFRANCES DE LA REINE,

Pendant la Procédure sacrilége que des Hommes injustes et féroces instruisirent contre elle.

LE monde entier connaît les malheurs qui, pendant la révolution, s'accumulèrent sur sa vie; mais peu de personnes savent les circonstances particulières qui accompagnèrent sa mort. Qu'on nous permette donc d'en consigner ici quelques détails; nos lecteurs peuvent être certains que ces détails sont vrais, car ils nous parvinrent, malgré la terreur, par les témoins les plus estimables et la voie la plus sûre.

Les séances commençaient dès neuf heures du matin, et ne finissaient que bien avant dans la nuit. Aussi long-temps qu'elles duraient, on ne lui permettait de prendre aucune nourriture. Il avait été convenu entre les membres du comité de salut public et les juges du tribunal, de la réduire à un tel état de faiblesse, que l'abattement où on l'aurait vue en allant à la mort, fut pris par le peuple pour un signe de découragement. On craignait la fierté de sa contenance, et les souvenirs qu'aurait pu réveiller l'air de dignité répandu sur toute sa personne.

Il est d'autant plus étonnant qu'elle ait pu endurer les fatigues du long interrogatoire qu'on lui fit subir, qu'outre que le sommeil ne réparait point ses forces, l'incommodité naturelle à son sexe qui depuis long-temps s'était changée pour elle en une incommodité continuelle, la réduisait à un état de faiblesse extrême. Il lui arriva pendant une des séances, de dire, comme le Rédempteur du genre humain, avec l'accent de la douleur et presque évanouie, ces deux mots : *J'ai soif.* On ne lui présenta pas du vinaigre; mais ce qui est peut-être pire, personne n'osa étancher sa soif; enfin, un officier de gendarmerie appelé de Busne, ému de l'état de souffrance où il la voyait, eut le courage d'aller chercher un verre d'eau et de le lui donner : elle le but avec avidité. De Busne fut dénoncé pour cet acte d'humanité.

Une autre fois la Reine rentrant dans sa prison, se trouva mal lorsqu'elle fut parvenue dans la cour de la conciergerie. Elle dit aux gendarmes qui l'entouraient : *je n'y vois plus, je n'en peux plus, je ne saurais marcher*. Alors le même de Busne qui lui avait donné un verre d'eau, lui présenta son bras, et lui aida aussi à descendre trois marches de pierre glissantes qui conduisaient au corridor où se trouvait sa chambre. Ce second acte d'humanité fut dénoncé comme un délit punissable.

La dernière séance ne finit qu'à quatre heures et demie du matin. La Reine, excédée de fatigue, souffrait surtout beaucoup du froid. En entrant pour la dernière fois dans sa chambre, elle se jeta toute vêtue sur son lit, et s'enveloppa les pieds avec une de ses couvertures. Les gendarmes qui la gardaient, disent qu'elle s'endormit d'un sommeil tranquille.

Apprenant que la Reine avait été condamnée, un curé de Paris sollicita des commandans la permission de lui offrir les secours de son ministère ; il l'obtint d'eux. Il se présenta à elle quelques heures avant l'exécution de l'inique arrêt. La princesse le voyant entrer parut surprise, et lui répondit poliment qu'elle avait coutume de s'adresser à un homme qui depuis long-temps avait sa confiance. Le prêtre la suppliant néanmoins de permettre qu'il l'accompagnât, elle y consentit. Elle se prosterna ensuite pour prier, et comme le pavé de sa chambre était humide et malpropre, l'ecclésiastique se hâta de chercher quelque appui à mettre sous ses genoux. En le remerciant de ses soins, elle lui dit : *Hélas ! Monsieur, je ne suis plus accoutumée à des attentions pareilles ; en a-t-on besoin quand on va mourir ?*

Après avoir prié pendant quelque temps, la Reine se leva, écrivit une lettre, coupa ses cheveux, et les adressa à une dame qui lui avait été attachée. Elle avait à peine terminé les précautions qu'on lui avait laissé le temps de prendre, qu'on vint la chercher pour la conduire au lieu de l'exécution.

DERNIERS MOMENS DE LA REINE.

Elle portait depuis la mort du Roi une robe à raies noires. Des gens de la prison qui spéculaient sur sa dépouille, lui représentèrent que cette couleur de deuil pourrait être un motif de plus pour la populace soudoyée de l'injurier, et de renouveler des imprécations contre la mémoire de son époux. On lui offrit d'échanger la robe qu'elle portait contre un méchant manteau de lit blanc en lambeaux ; elle y consentit, et put dire comme le divin auteur de notre religion, mourant sur la croix pour le bonheur du genre humain : *diviserunt sibi vestimenta mea*; ils ont partagé mes habits entr'eux.

On lui attache les mains derrière le dos ; elle les livre paisiblement à l'exécuteur. Elle n'avait rien pour couvrir sa tête ; on trouve un bonnet de toile : et, ainsi couverte, elle suit ses guides vers la dernière porte de la prison. A peine elle a paru sur le seuil de cette porte, que la multitude de misérables apostés partout pour l'insulter jusqu'à sa dernière heure, pousse les cris alors horribles de *vive la nation!* En entendant ces cris, elle se retourne vers les gendarmes qui l'escortaient, et, avec un regard de bienveillance : *Ce peuple est toujours bon, dit-elle, mais voyez comme on l'a égaré!* Hélas! le peuple n'était pour rien dans ces fureurs. La consternation régnait sur tous les visages honnêtes, et dans le secret des familles on ne pouvait contenir sa douleur.

Ne soupçonnant pas même qu'on dût la conduire au supplice autrement que dans un carrosse, elle parut vivement affectée lorsqu'elle vit une charrette préparée pour elle ; mais elle souffrit en silence cette nouvelle humiliation.

La Reine de France, la fille des Césars traînée sur une charrette à un échafaud!.... Grand Dieu ! quel spectacle à jamais accusateur contre les scélérats qui l'ordonnèrent ! Quelle gloire pour la princesse qui s'élevait ainsi dans le ciel!

En montant sur cette fatale charrette le prêtre lui dit : *Voici, Madame, l'instant de vous armer de courage.* — *De courage*, reprit vivement la Reine, *il y a si long-temps que j'en fais l'apprentissage, qu'il n'est pas à croire que j'en manque aujourd'hui.*

On avait mis en usage tous les moyens familiers aux tyrans qui régnaient alors, pour rendre son agonie douloureuse. Ces mégères qu'on appelait furies de guillotine, tous les brigands vomis par la caverne des jacobins, avaient ordre de l'abreuver d'outrages. Le comédien Grammont précédait la charrette le sabre nu à la main, en obligeant le peuple à applaudir, ainsi qu'il s'exprimait, à la justice nationale.

Les vœux de ces antropophages furent trompés. Marie-Antoinette en posture de criminelle, sous l'humble vêtement qui la couvrait, descendue d'un des plus beaux trônes de l'Univers, sur cette charrette qui la conduisait à la mort; Marie-Antoinette, placée entre l'exécuteur et le ministre de la religion, présentait une image qui parlait trop fortement du néant des grandeurs humaines, pour qu'à sa vue chacun ne restât immobile et plongé dans un océan de réflexions.

La majesté dont tout cet appareil lugubre ne pouvait dépouiller Marie-Antoinette; la sérénité de son front, son attitude calme, sa résignation, l'indulgence qui brillait dans ses yeux, rappelèrent la fille de MARIE-THÉRÈSE, la Reine de France, et élevèrent pour elle dans tous les cœurs l'intérêt le plus tendre. Partout sur son passage le peuple garda un religieux silence; on ne vit en elle qu'une victime des manœuvres et des calomnies de l'infâme PH... De tous les spectacles qu'avait donnés jusqu'alors la révolution, aucun n'avait fait sur les âmes une plus forte impression, aucun n'avait inspiré plus d'horreur pour les MONSTRES qui s'étaient emparés de l'autorité publique. Plusieurs personnes, vivement émues du terrible tableau qu'elles avaient sous les yeux, tombèrent évanouies, et furent transportées chez elles sans avoir recouvré l'usage de leurs sens. Quelques-unes moururent des suites du sentiment douloureux qu'elles avaient éprouvé.

Martyre de la Reine.

Cependant, environnée par des hommes qui, tout affreux qu'ils étaient, ne pouvaient s'empêcher de l'admirer et de la plaindre; extrêmement affaiblie par le malheur, la maladie et la souffrance, la victime marche à la mort:

au milieu des cris outrageans de la populace soudoyée, elle est calme : et, quoique le prêtre lui adresse quelquefois la parole, on voit que son attention est toute dans les cieux.

A la fin de sa longue route et de sa douloureuse agonie, elle arrive au pied de l'échafaud, à la même place où, quelques mois auparavant, le Roi - martyr avait scellé de son sang la vérité de sa religion, l'amour de son peuple, la certitude de son innocence et le pardon de ses bourreaux. Au souvenir de ce grand exemple elle semble se ranimer. Consolée par la sublime espérance de rejoindre à l'instant même son auguste époux, elle monte avec une fermeté vraiment céleste les marches de l'autel où son sacrifice doit s'accomplir, et, courbant sa tête sous le fer qui va la délivrer de la vie, elle reçoit le coup qui la met en possession de l'éternité.

Ainsi mourut l'illustre épouse du meilleur des Rois; cette Princesse qui fut long-temps adorée sur le premier trône de l'Europe, et qui expia par une fin si cruelle un bonheur si passager ; cette Reine qui, par la majesté et les grâces de sa personne, l'élévation de son esprit, et surtout ses qualités vraiment royales, semblait faite pour régner sur le monde !

Elle consomme son sacrifice le mercredi 16

octobre 1793, jour de l'octave de St.-Denis, martyr, et premier évêque de Paris. Elle était âgée de trente-sept ans, onze mois et quatorze jours. L'exécuteur montra pendant long-temps sa tête au peuple ; son visage n'était point décoloré, et ses paupières avaient un mouvement convulsif qui donnait encore de l'expression à ses yeux. On entendit dans la foule quelques cris de *Vive la république* ! mais en général la consternation était sur les visages et la tristesse dans tous les cœurs.

Parmi les nombreux témoins de sa mort, on remarqua un jeune homme qui trempa son mouchoir dans le sang de l'auguste victime, et le serra précieusement dans son sein. On l'arrêta, et on trouva sur lui les portraits de Louis XVI et de la Reine.

Parmi les traits nombreux de générosité, de bonté d'âme dont se compose en grande partie la vie de la Reine, voici un fait certain et assez peu connu, qui peint à la fois et son âme compatissante et le malheur des temps où elle vécut.

Un jour qu'elle rentrait à Versailles, un jeune homme veut percer la foule des gardes, un placet à la main. Son air égaré, et les livrées de la misère dont il était couvert, firent un devoir à ceux qui veillaient sur leur Souveraine, de lui défendre de l'approcher. Marie-Antoinette n'a pas plutôt saisi le motif qui le fait agir, qu'elle envoie chercher son écrit par un garde-du-corps. Un quart d'heure après, le même officier revient auprès de l'inconnu, qui, resté à la même place, attendait son sort ; il lui remet, de la part de la Reine, cinquante louis pour commencer un établissement, quoique sa détresse fût le seul titre qu'il eût eu à faire valoir. Après avoir béni mille fois et l'ange tutélaire qui l'arrache au désespoir, et le ministre de ses bienfaits, le jeune homme tire en effet parti de l'argent qu'il a reçu ; il entreprend un petit commerce dans Versailles même, prospère ; et lorsque quelques années après, une populace furieuse, poussée par des chefs encore plus coupables qu'elle, viole pour la première fois le sanctuaire de la demeure royale ; lorsque la vie de la Reine est menacée, ce même homme, préservé par elle du désespoir, est le premier à s'élancer vers son appartement pour la faire périr ; et le garde fidèle que lui et ses complices couvrent de blessures, est celui-là même qui avait remis au monstre le secours envoyé par la généreuse Souveraine ! »

Détails fournis par le rédacteur du mémorial.

En arrivant à la Conciergerie, l'infortunée

Reine fut enfermée dans la chambre dite du Conseil, qui a changé de forme aujourd'hui. C'est là que se réunissaient les personnes chargées de veiller à l'exécution des condamnés, et de prendre les mesures, que, d'après les circonstances, ces évènemens terribles pouvaient nécessiter. Cette chambre, qui diffère peu d'un cachot, est située dans la partie la plus basse de cette affreuse prison, dans l'intérieur de laquelle on est introduit par un escalier qu'on croirait destiné pour une cave. Lorsque les eaux de la Seine, qui est très-voisine de ce triste lieu, sont un peu élevées, le rez-de-chaussée se trouve à leur niveau ; alors, quelque épais que soient les murs, et quelque dur que soit le ciment sur lequel est adapté le pavé, l'humidité filtre de toutes parts ; on voit l'eau dégoutter partout. Un brouillard épais, infecté par l'haleine des malheureux que renferme la prison, et les exhalaisons qui s'élèvent de leurs maladies et de leur misère, affecte la vue et fait soulever le cœur. C'est dans cet air empesté qu'a vécu la fille et l'épouse des plus puissans Monarques de l'Europe.

Ce n'est pas tout. Précisément à côté de la chambre était établi l'agent ou le garçon d'un marchand de vin et d'eau-de-vie, qui avait obtenu la permission de débiter sa marchandise aux prisonniers, qui l'appelaient le bouzinier, et son échoppe le bouzin. C'est là qu'ils se réunissaient, pendant toute la journée, avec leurs parens, leurs amis ou leurs complices du dehors qui obtenaient la permission de les visiter, s'énivraient, juraient, vomissaient mille imprécations, mille infâmies que les hommes les plus immoraux n'osent articuler ; et tout cela à côté de la Reine de France. Voilà le concert qu'elle était obligée d'entendre depuis huit heures du matin, que les portes des cachots étaient ouvertes, jusqu'à la nuit qu'elles étaient refermées sur les prisonniers qu'on y faisait rentrer.

On avait mis à ses ordres, pour faire sa chambre, un voleur de grands chemins nommé Barrassin, porteur de la figure la plus épouvantable qu'il soit possible d'imaginer, et dont la voix ne l'était pas moins. Après un long séjour dans la prison, où il s'était rendu utile au concierge, en se prêtant aux occupations les plus malpropres, il avait été jugé et condamné à quatorze ans de fers. Lorsqu'il était ivre, ce qui lui arrivait aussitôt qu'il avait de quoi se procurer non pas du vin, mais de l'eau-de-vie, il disait qu'on ne lui avait pas rendu justice, qu'il avait mérité d'être roué. Après sa condamnation, le concierge, pour qui Barrassin était un homme précieux, obtint qu'il ferait son banc dans la prison. Voilà quel fut le valet de chambre de la Reine. Le rédacteur de cet article, qui a eu les honneurs de la Conciergerie dans ce temps-là, eut la curiosité d'interroger Barrassin, qui était aussi le valet des prisonniers contre-révolutionnaires renfermés dans la chapelle où se trouvait le rédacteur, et de lui demander comment la Reine était traitée. — La Reine ! chien d'aristocrate ; dis donc la Capet. — Eh bien ! la Capet, comment était-elle nourrie ? — Pas mal. La citoyenne Richard (la femme du concierge dont il est question dans le testament) lui apportait des poulets et des pêches, lui donnait aussi des bouquets ; et la Capet la remerciait de tout son cœur. — N'y avait-il que la citoyenne Richard qui entrait dans la chambre ? — Il y avait toujours un *bleu* (un gendarme) qui faisait sentinelle à la porte. — Ce *bleu* lui parlait-il ? — Non ; mais il n'en était séparé que par un paravent tout percé, à travers lequel il pouvait la voir tout à son aise. — Et que faisait-elle là ? — Elle raccommodait ses chausses et sa robe, qui était percée par le coude. — De quelle couleur était cette robe ? — Elle était noire. — Et où couchait-elle ? — Sur un lit de sangle qui ne valait pas mieux que le tien.

Voici un autre trait qui sert à prouver que les gens du peuple n'étaient pas tous vendus aux scélérats, ou dupes de leur hypocrisie.

Richard le concierge s'adresse un jour à une fruitière du Pont Saint-Michel, et lui demande le meilleur de ses melons, *quoi qu'il coûte.* — Quoi qu'il coûte, dit la marchande ; c'est donc pour une personne de bien grande importance ? Oh ! oui, reprend Richard, de bien grande importance, du moins qui l'a été. — Juste ciel ! s'écrie cette femme ; c'est pour la Reine ! Aussitôt elle renverse tous ses melons, choisit le meilleur, le supplie de courir le porter à la Princesse, et refuse absolument d'en recevoir le prix. Bonne et excellente femme ! quel délicieux sentiment elle fit descendre dans le cœur flétri de la Reine, lorsque ce trait lui fut raconté !

Voici ce que possédait en entrant au Temple une Princesse à qui tous les trésors de l'Empire et de la France avaient été ouverts.

Un petit porte-feuille, garni de ciseaux, aiguilles, soie et fil.

Un petit miroir.

Deux petits paquets de cheveux, venant de ses enfans morts et vivans, et de son époux.

Une bague sur laquelle étaient aussi des cheveux de ses enfans et de son mari.

Le portrait de la Princesse de Lamballe, son amie.

Les portraits de la Duchesse de Mecklembourg

et de la Princesse de Hesse, avec lesquelles elle avait été élevée à Vienne, et dont elle aimait à conserver le souvenir.

Telles étaient les seules richesses de Marie-Antoinette lorsqu'elle fut renversée du trône, et il était bien digne de son cœur, de s'attacher à ces objets ; aussi ne put-on les lui arracher qu'avec la vie.

Lettre de Madame la Princesse de Chimay, dame d'honneur de la feue Reine, à l'auteur de l'histoire de Marie-Antoinette.

En vous faisant passer, Monsieur, ce peu de détails sur les vertus et les qualités de notre malheureuse Reine, à laquelle j'ai eu l'honneur d'être attachée depuis son arrivée en France, en 1770, jusqu'à l'affreuse époque de 1792, où elle fut conduite au Temple, je remplis un devoir bien sacré pour moi et aussi bien cher à mon cœur. La méchanceté et la calomnie ont tellement poursuivi cette infortunée Princesse, que je trouve consolant de vous transmettre quelques traits bien capables de forcer ses ennemis même, si elle en avait encore, à respecter sa mémoire.

Je dois croire aussi que ceux qui veulent être impartiaux ne pourront lui refuser leur admiration. Le public ayant bien voulu toujours me croire digne de son estime, ne pourrait aujourd'hui m'accuser d'avoir altéré la vérité dans le témoignage que je rends à la Reine. Je dirai plus : aucun motif n'a pu influer sur mon jugement. Sa Majesté, il est vrai, voulait bien m'accorder son estime et toute la confiance qui en était une suite nécessaire ; elle y joignait des bontés dont elle m'a constamment honorée ; mais il est connu de tout le monde que je n'en ai jamais reçu de ces faveurs de préférence, qui semblent commander à la personne obligée une indulgence aveugle pour celle qui oblige. L'assurance que je donne d'avoir été témoin des faits que j'avance, met donc mon jugement, sur ce qui regarde la Reine, à l'abri de toute prévention, même pour ceux qui auraient été capables d'être injustes envers elle.

Bienfaisance, douceur, indulgence, voilà ce qui constituait le caractère de la Reine. Sa bonté s'étendait sur tout le monde, mais plus particulièrement sur les personnes qui l'approchaient, et cela sans distinction de rang. Bien loin qu'elle fût capable de nuire à qui que ce fût, il lui est arrivé plus d'une fois de faire du bien à qui lui avait nui. J'invoque ici le témoignage de Madame la Duchesse de Luynes, l'une de ses dames du palais, qui m'a permis de la nommer. Madame la Duchesse de Luynes m'a certifié que la Reine portait jusqu'à la magnanimité, l'indulgence pour les torts qu'on pourrait avoir envers elle ; que jamais elle ne connut le ressentiment, et qu'elle pardonnait, avec une générosité vraiment royale, les mécontentemens que lui avaient donnés des personnes sur lesquelles elle croyait devoir le plus compter. Elle pratiquait, dit Madame la Duchesse de Luynes, cette rare vertu et cette sublime qualité, au point que j'ai vu plus d'une fois sa Majesté accorder son intérêt et sa protection à des gens qui l'avaient offensée, lorsqu'elle croyait qu'ils pouvaient en avoir besoin. Je pourrais, ajoute Madame la Duchesse de Luynes, en citer des exemples ; mais il faudrait nommer les personnes, et il vaut mieux taire leurs noms que de divulguer leur ingratitude.

Voici un fait qui vient parfaitement à l'appui du témoignage de Mme la Duchesse de Luynes. Quelques jours après l'arrivée de la Famille Royale aux Tuileries, par suite des journées des 5 et 6 octobre, la Reine fit remettre des secours à la paroisse de Saint-Germain-l'Auxerrois, pour être distribués aux plus indigens de cette paroisse, avec un ordre particulier de n'en pas exclure ceux des indigens qui avaient pris part à ces mêmes désastreuses journées des 5 et 6 octobre, où Sa Majesté avait été si cruellement outragée. Accabler de bienfaits ses propres ennemis, il me semble que la vertu ne peut pas s'élever plus haut.

Telle était donc la belle âme de la Reine, que ses malheurs (et quels malheurs !) ne pouvaient faire distraction à sa bonté : j'en vais citer une nouvelle preuve. Entraînée à Paris le 6 octobre avec le Roi et ses enfans, elle apprit à la barrière qu'ils allaient être conduits à l'Hôtel de ville. Quelque tourmentée qu'elle fut dans ce moment, et pour elle-même et pour ce qu'elle avait de plus cher, il lui vint à la pensée que les dames qui étaient dans sa voiture de suite, pourraient être exposées en l'y suivant. Elle envoya donc aussitôt un piqueur à la place Louis XV, leur porter l'ordre de ne pas la suivre à l'Hôtel de ville, et d'aller l'attendre aux Tuileries. Cette présence d'esprit, cette généreuse attention au milieu des plus grandes afflictions personnelles, me semblent ne pouvoir être trop admirées.

Je dois dire ici que la bienfaisance de la Reine, suite de sa bonté naturelle, était aussi étendue qu'elle pouvait l'être dans la situation de ses finances particulières. Elle payait sur sa cassette un grand nombre de pensions à des malheureux qui lui avaient été indiqués. J'étais personnellement chargée par Sa Majesté de deux bonnes œuvres. La première, de faire verser à la Société de la Charité maternelle, les bienfaits qu'elle accordait abondamment au commencement de la révolution, et ces libéralités ont été connues de tout le monde. La seconde bonne œuvre dont Sa Majesté m'avait chargée, c'était de faire élever l'enfant d'un comédien, pour l'empêcher d'embrasser la profession de son père, et de suivre son éducation jusqu'à ce qu'il fût en état d'être placé convenablement; ce qui eut lieu dans la suite au grand contentement du jeune homme, qui dernièrement encore est venu me témoigner sa reconnaissance et ses regrets pour son auguste bienfaitrice.

La bienfaisance naturelle à la Reine n'était pas le seul motif qui la dirigeait dans ses bonnes œuvres; la religion y entrait aussi. Parmi les places que de tous côtés on sollicitait de ses bontés, elle avait grand soin de distinguer celles qui tenaient à la religion. Elle m'avait ordonné, dès le premier instant où je fus sa dame d'honneur, de ne jamais lui présenter une demande qui eut pour but de faire obtenir à un ecclésiastique, un évêché ou autre bénéfice à charge d'âmes. Les fonctions ecclésiastiques de ce genre lui paraissaient trop importantes pour qu'elle en fît la demande. Mais s'il était question d'un bénéfice simple, elle accordait alors volontiers sa protection.

Il ne faut pas croire, au reste, que sa bienfaisance ait été jamais à charge aux finances de l'État. Dans aucune circonstance, la Reine n'a pu puiser la moindre somme au trésor public, et elle ne l'a pas fait. Sa cassette seule, qui se composait d'une somme fixe par mois, et de ce qui lui était donné aux étrennes, ainsi qu'à sa fête, fournissait à ses aumônes, à ses générosités.

Pour prouver que la Reine, comme je l'ai dit, portait au plus haut degré la bonté et même la grandeur d'âme, j'ajouterai le trait suivant. Un jour qu'incommodée elle était encore dans son lit, et que j'étais seule dans sa chambre, elle m'appela auprès d'elle, et me dit avec une effusion de cœur la plus vraie comme la plus attendrissante:

Je vous ai fait de la peine, il y a huit jours, Madame de Chimay, j'ai mal répondu aux représentations justes que vous me faisiez; j'ai persisté à ne pas les écouter, et je vous ai vu sortir de ma chambre le cœur navré. EH BIEN! JE VOUS EN DEMANDE PARDON; OUI, JE VOUS EN DEMANDE PARDON, ET ASSUREZ-MOI QUE VOUS ME PARDONNEZ.

Il me serait impossible de rendre tout ce que j'éprouvai en entendant ces admirables paroles. Depuis elle évita, avec l'attention la plus aimable, de me causer le plus léger désagrément.

Vous voyez par là qu'elle croyait avoir commis une faute en n'écoutant pas les représentations de sa dame d'honneur, et véritablement ce devait être une faute à ses yeux; car une de ses plus brillantes qualités était de permettre aux personnes qu'elle estimait, de lui faire connaître la vérité, même quand la vérité pouvait lui être contraire. Madame la duchesse de Duras et moi pourrions rapporter plus d'un trait qui prouverait que la Reine possédait, en effet, cette belle qualité, qu'on rencontre si rarement sur le trône.

Je dois encore remarquer que la Reine était douée d'une présence d'esprit admirable, qui, dans toutes les occasions, lui faisait dire ce qu'il y avait de mieux et de plus à propos. Tout le monde sait que le 6 octobre on voulut attenter à ses jours; personne n'ignore ce que les braves gardes du corps, et en particulier M. de Durepaire, aujourd'hui officier dans les gardes de Sa Majesté, firent pour la sauver. Le lendemain de cette affreuse journée, M. Bailly vint aux Tuileries haranguer la Reine (j'étais derrière Sa Majesté), et il finit son discours par lui dire qu'il s'estimait infiniment heureux d'avoir contribué à conserver ses jours. La Reine qui, pendant que M. Bailly lui parlait, avait aperçu, dans le fond de l'appartement, M. de Durepaire, regarda M. Bailly avec cet air de dignité qui ne la quittait jamais, et lui dit, en montrant M. de Durepaire: *Monsieur, c'est à ce brave gentilhomme que je dois la conservation de mes jours.* Réponse noble et touchante, qui prouve à la fois, et la reconnaissance que la Reine aimait à nourrir au fond du cœur, et l'ingénieuse facilité avec laquelle elle mettait chacun à la place qui lui convenait.

Enfin, Monsieur, je ne peux terminer ces notes d'une manière plus glorieuse pour Dieu, plus consolante pour les amis de la Religion, qu'en racontant ce qui s'est passé à la Conciergerie, lorsque la Reine y fut entrée. Une nommée Mademoiselle Foucher, dont la charité la faisait se dévouer au soulagement des prisonniers depuis la révolution, redoubla d'intérêt et de zèle quand elle sut la Reine arrivée dans cette maison. Elle fut assez heureuse et assez intelligente pour se procurer des secours qui la mirent en état de gagner les surveillans et de parvenir jusqu'à la Reine. Elle y arriva donc, et malgré l'intérêt, la sensibilité, le dévouement qu'elle témoigna à Sa Majesté, elle ne parvint à lui inspirer quelque confiance qu'à la troisième visite qu'elle lui fit. Elle eut le bonheur de lui procurer du linge, des vêtemens, et enfin, les soulagemens que comportait la cruelle position de Sa Majesté. Mademoiselle Foucher, aussi pieuse que bienfaisante, proposa à la Reine de lui amener un prêtre; Sa Majesté y consentit, et dès qu'elle eut reconnu que le langage et les principes de l'ecclésiastique étaient conformes à son caractère et à son ministère, elle lui donna sa confiance et se confessa plusieurs fois à lui. Ce digne prêtre célébra la messe dans la chambre de la Reine. Sa Majesté y communia avec une piété et une reconnaissance envers Dieu, telles que les larmes coulaient abondamment de ses yeux. Ainsi, on a du moins la douceur de penser que Dieu lui a accordé des momens de consolation. Une chose admirable et qui ne doit pas être passée sous silence, c'est que les deux gendarmes qui étaient dans sa chambre, soit qu'ils fussent bons naturellement et qu'ils cachassent leurs sentimens, soit que la piété de la Reine les eut touchés, se mirent en état de communier à une des messes qui furent célébrées devant Sa Majesté. Le prêtre l'atteste.

L'ecclésiastique (1) qui avait eu le bonheur

---

(1) Cet ecclésiastique, c'est M. Charles Maignen,

d'exercer ses fonctions auprès de la Reine, tomba malade de manière à ne pouvoir plus quitter son lit. Mademoiselle Foucher, qui avait déjà donné tant de preuves de son zèle et de son dévouement à Sa Majesté, alla chercher un autre ecclésiastique. Ce fut cet ecclésiastique appelé M. Cholet, qui donna les derniers secours de la religion à la Reine, la veille ou l'avant-veille de sa mort. Depuis il quitta la France, et il est mort en émigration.

Quant à Mademoiselle Foucher, la Reine, touchée de son dévouement, prit en elle une telle confiance, qu'elle lui remit, pour faire passer à Madame, Duchesse d'Angoulême, la tasse dont Sa Majesté se servait tous les jours à son déjeûner. Madame la princesse de Tarente remit cette tasse à Madame, duchesse d'Angoulême, à Mittau.

---

généralement estimé, et dans le Clergé, et parmi les amis de la religion, aujourd'hui exerçant ses fonctions dans la paroisse Saint-Roch, et aux temps les plus orageux de la révolution, dans un oratoire particulier, place Vendôme.

ROMANCE;

Chantée avec accompagnement en présence de la Reine, au Château des Tuileries, après les fatales journées des 5 et 6 octobre. Cette pièce est de M. Valade, imprimeur du Roi.

Air : Charmante Gabrielle.

Plus n'ai de jouissance,
Amertume est en moi,
Depuis que vois souffrance
Affliger mon bon Roi.
Las ! ce grand Roi de France,
 Tant révéré !
Aujourd'hui sans puissance,
 Est délaissé.

En sa fausse croyance,
Par les méchans trompé,
Ai vu peuple de France
Aux horreurs excité.
De bon il devient traître
 En un moment,
Et palais de son Maître
 Il teint de sang.

Factieux au carnage,
Exercent leurs fureurs,

Et du Sire, en leur rage,
Occisent serviteurs;
Veulent au Roi de France
 Trône ravir,
Et Reine sans défense
 Faire mourir.

Français, jadis fidèle,
Tu trahis donc ta foi !
Peuple ingrat et rebelle,
Quel mal a fait ton Roi ?
Las ! pour sa confiance
 Qu'il te donnait,
Meilleure récompense
 Il méritait.

De Louis, mon bon Sire,
Quand l'histoire on lira,
A Henri qu'on admire,
On le comparera.
Comme lui, par le crime
 Persécuté,
Fut comme lui victime
 De sa bonté.

Copie de la lettre écrite, le 17 octobre 1816, par M. le Curé de la Paroisse des Missions étrangères, à Paris, rue du Baq, à M. B... Prêtre desservant dans la même ville.

Puisque vous desirez de moi une explication sur ce que j'ai dit hier en chaire, je vous avouerai, Monsieur et cher confrère, que j'ai cru devoir instruire les fidèles du bonheur qu'a eu la Reine de recevoir les secours de la religion dans son horrible cachot.

Une demoiselle pieuse et dévouée a, par des efforts inouis, réussi à pénétrer jusqu'à la Reine, lui a rendu des services inappréciables, celui surtout de lui procurer un Prêtre digne de toute sa confiance.

Sa Majesté s'est confessée à ce digne et saint ecclésiastique, a entendu la messe, a communié de sa main, et avec des marques de foi, de piété, d'anéantissement, dont le récit mérite d'être recueilli religieusement, et transmis à tous les siècles.

Il y avait plusieurs semaines que ce Prêtre ne paraissait plus ; lorsque la Reine écrivit à Madame Élisabeth, il était presque mourant ; c'est ce qui jette un grand jour sur un article de sa lettre, difficile à expliquer sans cela.

Mademoiselle Foucher et M. l'abbé Maignen

sont encore vivans, et l'on peut s'assurer de la vérité des faits. J'ai pensé devoir à la mémoire de l'auguste victime, de les exposer en peu de mots ; et cela venait d'autant plus naturellement, que M. l'abbé Maignen doit prêcher l'Avent prochain dans l'Église des Missions. Au surplus, je n'ai pas cru m'écarter en cela des ordres de Sa Majesté, qui prescrivaient de s'en tenir à la lecture de cette lettre touchante et sublime, sans discours, ni oraison funèbre.

Je salue M. B..., et lui présente mon respect. Il fera de cette note tel usage qu'il jugera bon.

Signé, Ph. DESJARDINS.

Paris, ce 17 octobre 1816.

Nota. Cette lettre nous a été communiquée en original. Elle confirme ce que nous avions donné comme *certain* dans notre dernier numéro : *Que la Reine n'avait point de confiance aux Prêtres qui avaient prêté serment à la constitution civile, et que pendant tout le trajet de la Conciergerie à la place Louis XV, elle parut ne pas écouter l'ecclésiastique assermenté que l'on avait placé à côté d'elle.* La Reine finit sa lettre par ces mots: *Comme je ne suis pas libre dans mes actions, on m'amènera peut-être un prêtre ; mais je proteste ici que je ne lui dirai pas un mot, et que je le regarderai comme un être absolument étranger.* Le prêtre que les révolutionnaires pouvaient lui amener, *n'aurait pas été un de ces Prêtres de la religion Catholique, Apostolique et Romaine,* dont elle avait parlé plus haut, et dont elle pensait ne devoir plus attendre de consolation spirituelle, sans *les trop exposer.*

Extrait du Mémorial Religieux. N.° 151.

COMPLAINTE.

Musique de M. Perrin.

La Reine à la Conciergerie.

Veuve et mère au midi de mes tristes années;
Levant mes yeux éteints vers la Divinité,
Mes yeux...! car de leurs fers mes mains sont
   enchaînées;
    Je meurs dans la captivité.

Je meurs: et dans ces lieux où l'horreur m'environne,
Tout a passé pour moi; le temps seul est resté.
Il verra mes cheveux sur mon front sans couronne
    Blanchir dans ma captivité.

Rends-moi mes deux enfans, ô peuple sans clémence!
Du destin de leur mère ils n'ont point hérité.
Je te pardonne tout, permets que leur enfance
    Console ma captivité.

Mais tout est sourd pour moi ! l'univers m'abandonne
Dans l'ombre d'un cachot par le crime habité ;
La fille des Césars tombe du haut d'un trône,
  Et périt en captivité.

Dieux ! quand pourrai-je voir cette fille si chère,
Ce fils de tant de Rois que mes flancs ont porté ?
Parmi tant de Français n'est-il pas une mère
  Qui songe à ma captivité !

Je n'aperçois ici qu'une garde inhumaine,
Et dans chaque regard qu'un forfait médité ;
Au-delà de ces murs, qu'une pitié lointaine
  Pour ma triste captivité.

Quelquefois au sommeil si ma douleur succombe,
Ciel ! quel jour s'offre à moi ! quelle affreuse clarté !..
Quel fantôme s'agite, et soulevant sa tombe
  Vient troubler ma captivité !

C'est mon époux ; c'est lui : j'entends sa voix plaintive.
D'où viens-tu, cher époux, dans ce lieu détesté ?
Mais je lui parle en vain : son ombre fugitive
  Me laisse à ma captivité.

  (*Par le comte* DE RIVAROL, *en* 1793.)

FIN.

A Montpellier, chez JEAN MARTEL aîné,
Imprimeur, près la Préfecture, n.° 62.

www.ingramcontent.com/pod-product-compliance
Lightning Source LLC
Chambersburg PA
CBHW060711050426
42451CB00010B/1380